Honoré Mercier

Luc Bertrand

4350, avenue
de l'Hôtel-de-Ville
MONTRÉAL (Québec)
H2W 2H5
Téléphone:
(514) **843-5991**
Télécopieur:
(514) 843-5252

Table des matières

Auteur: Luc Bertrand
Conseiller linguistique: Paul Breton

Photographie de la page couverture: Bibliothèque nationale du Québec

Dépôt légal
Bibliothèque nationale du Québec, 1994
Bibliothèque nationale du Canada, 1994

ISBN 2-7608-7050-2
Imprimé au Canada

Prologue

Comté de Bonaventure, province de Québec, une nuit de mars 1892.

La tempête obstrue de neige le petit chemin et l'a rendu impraticable. Péniblement, le traîneau avance, menacé à tout moment de s'enliser. Deux hommes y sont secoués. Le premier, qui commande l'attelage, peste pour la millième fois peut-être. Le rude hiver canadien comporte sans doute des scènes qui font les délices des peintres et des poètes, mais le brave cocher ne saurait en goûter le charme pittoresque. La lutte électorale qui se joue nécessite de nombreux déplacements par «des temps d'enfer», évoquera plus tard Claude-Henri Grignon. D'une bourgade à l'autre, une foule nombreuse attend les candidats, animée par la perspective de violents échanges oratoires. C'est comme ça que l'on se dispute un comté au pays de Québec, en cette fin de XIXe siècle.

Absorbé dans ses pensées, le passager n'a que faire du vent qui siffle et du froid qui gèle sa moustache généreuse. Depuis des mois, il subit la colère de ses compatriotes. Ses ennemis s'acharnent sur lui, ses amis d'hier ne cessent de le trahir. «À bas les voleurs!», lui crie-t-on partout où il va. Lui, le héros d'un moment, connaît la haine et l'humiliation, la vindicte populaire. Chassé du pouvoir, il a tout perdu: l'adulation des foules, le prestige, le respect. Bientôt, le malheur l'aura ruiné. Une chose lui reste pourtant: l'honneur. Et il entend le défendre sur chaque tribune de cette contrée gaspésienne. Aussi cruelle que puisse se révéler l'épreuve, elle ne pourra le détourner de son but. La province lui est à jamais perdue, il le sait fort bien. La calomnie qu'exercent contre lui ses adversaires se veut une arme trop efficace. Mais il va faire appel au bon sens de ces pêcheurs et de ces paysans éloignés de la clameur de la ville pour conserver leur confiance. Et au moment où tout semble s'écrouler pour de bon, on annoncera cette nouvelle stupéfiante le jour du scrutin: l'élection d'Honoré Mercier dans Bonaventure, quelques mois à peine après le scandale du chemin de fer de la baie des Chaleurs.

Un succès bien modeste, qui passe presque inaperçu au lendemain de la défaite colossale infligée au Parti national. Il constitue néanmoins le premier jalon d'un revirement à l'égard de Mercier, l'élan initial d'une remontée irrésistible et qui vient justifier la place privilégiée qu'occupe encore aujourd'hui ce grand chef dans l'histoire québécoise.

Mais en cette nuit glaciale, la renommée de Mercier n'a jamais semblé aussi compromise. Au bout d'un tournant apparaissent les premières lumières d'un village. Son cœur se serre. Au mieux, on lui réservera un accueil poli; au pire, l'homme déchu recevra un nouveau témoignage de son infortune politique.

L'héritier d'une idée Chapitre 1

En 1840, Sabrevois, dans le comté d'Iberville, n'est qu'un village comme on en trouve beaucoup au Bas-Canada*. La vie y est paisible. La rébellion qu'a connue la vallée du Richelieu trois ans plus tôt n'y a pas causé de ravages comme à Saint-Denis et Saint-Charles, à quelques milles de là, mais le souvenir de la répression qui en a découlé demeure bien vif parmi les habitants de cette région. Certains n'ont pas hésité à secourir des rebelles, comme l'a fait Jean-Baptiste Mercier, qui a facilité la fuite de quelques-uns d'entre eux vers la frontière américaine. Un acte courageux, qui lui vaudra d'être arrêté par l'armée anglaise et emprisonné, menottes aux mains, au vu de ses compatriotes de Sabrevois. Mercier est un héros qui fera toujours l'orgueil de sa bourgade.

La maison natale d'Honoré Mercier, à Sabrevois
Photo: Luc Bertrand

* En 1840, Sabrevois fait encore partie de Saint-Athanase.

Le courage est une vertu trop souvent anonyme et il est fort probable que l'exploit de Jean-Baptiste demeurerait parfaitement inconnu de la postérité si son épouse, Marie-Catherine Timineur, n'avait mis au monde son fils Honoré, le 15 octobre 1840. C'est l'année de l'union des provinces du Bas et du Haut-Canada, celle où le grand chef Louis-Hippolyte LaFontaine entreprend la défense des droits de son peuple, niés par l'autorité coloniale. On connaît peu de choses de la mère du futur premier ministre et l'historien Robert Rumilly la mentionnera à peine. L'influence de Jean-Baptiste sur son fils est toutefois considérable et l'évocation du soulèvement des patriotes captive à n'en pas douter le futur tribun dans les premières années de sa vie. Cette leçon d'histoire va d'autant plus contribuer à former sa pensée que, très tôt, le jeune Honoré Mercier éprouvera une véritable fascination pour la politique. Beaucoup plus tard, le premier ministre rappellera cette aube de juin 1852 où le père Mercier conduisit ses fils au village de Saint-Athanase pour assister aux activités de la fête des Canadiens français. Le discours qu'y prononce Charles Laberge, une figure populaire de l'endroit, créera une forte impression sur le jeune Honoré, dès lors initié au pouvoir de l'éloquence.

Le collège Sainte-Marie (Bibliothèque nationale du Québec)

La famille Mercier n'est pas riche mais Jean-Baptiste parvient néanmoins à envoyer son fils de quatorze ans s'instruire au collège Sainte-Marie à Montréal. Les jésuites y dispensent l'enseignement. Le jeune Mercier se révèle un élève brillant et éprouvera toujours une dette de reconnaissance envers les membres de cette communauté religieuse. Au collège, non seulement bénéficie-t-il de la richesse de l'instruction, mais, ce qui est plus important encore, il cultive aussi le don de commander. Il met sur pied un Conseil des jeux, qui vise à réglementer les joutes sportives, et crée un bataillon de milice dont les membres, menés par le «général Mercier», revêtent l'uniforme des zouaves pontificaux.

Le sentiment de fierté que lui a inculqué son père, Honoré sait l'approfondir et en tirer profit. Comme le souligne son biographe Rumilly, le jeune homme se prend vite au sérieux et se destine déjà à réparer les torts faits à son peuple. Son arrivée à Saint-Hyacinthe, en 1862, lui fournira d'autres moyens de servir ce dessein. Il fait son entrée comme rédacteur au *Courrier de Saint-Hyacinthe*, tout en débutant sa formation en droit dans

Maurice Laframboise

l'étude de Maurice Laframboise et d'Auguste Papineau, deux avocats réputés de la ville. Au milieu du XIXe siècle, Saint-Hyacinthe est une ville acquise aux rouges et animée d'une vie intellectuelle. Mercier, lui, écrit pour un journal conservateur. C'est l'époque où la société canadienne-française, sous l'influence du clergé, confond systématiquement les libéraux avec les efforts de laïcisation qui gagnent la France à la même époque. Pour Mercier, qui possède enfin une tribune, l'anticléricalisme heurte ses croyances les plus profondes et il ne tarde pas à le faire savoir. Le style de ses articles dans *Le Courrier de Saint-Hyacinthe* ne laisse aucune place à l'équivoque. C'est un idéaliste aux idées arrêtées et qui, par des formules ampoulées, néglige souvent les nuances nécessaires. Ainsi, les libéraux du Bas-Canada ne sont pas de vrais catholiques et font le jeu des *Whigs* anti francophones de l'Ontario. Peu enclin au compromis, il se fait beaucoup d'ennemis. Il accusera même ses anciens patrons, Laframboise et Papineau, deux importantes personnalités de la région, de trahir leurs principes pour favoriser leur montée dans le monde politique. Quant au député Victor Sicotte, un moment à la tête du

Auguste Papineau

gouvernement, et qui demeure un homme fort respecté, le jeune journaliste lui reproche sa nomination de juge. Les écrits de Mercier laissent surtout entrevoir une pensée politique à laquelle il demeurera toujours fidèle. L'intérêt national doit primer pardessus tout et, déjà, retentit l'appel à l'unité. Il parle au nom de la patrie. Rien de moins! Les critiques de Mercier ne se limitent donc pas à une banale histoire de couleur politique même s'il s'est rangé tôt du côté des conservateurs.

Après un séjour à Québec en tant que correspondant parlementaire, il est admis au barreau du Bas-Canada le 3 avril 1864, puis quitte le journal, peu après, pour exercer sa profession d'avocat à Saint-Hyacinthe. C'est dans la cathédrale de l'endroit qu'il épouse, le 29 mai 1866, Léopoldine Boivin, fille d'un marchand local. Ces années sont bénéfiques à Mercier. Il a acquis à Saint-Hyacinthe une profession respectable, fait connaître ses idées politiques et la passion dont est empreinte sa correspondance avec sa dulcinée, pendant leurs années de fréquentation, ne laisse aucun doute sur la profondeur de l'amour qui les unit. Saint-Hyacinthe le prépare donc à son entrée dans l'histoire et le contexte qui entoure l'avènement de la Confédération lui fournit une occasion privilégiée de prendre part au débat sur l'avenir de la race.

Une rue de Saint-Hyacinthe, au temps des chemins de terre et des trottoirs de bois

Chapitre 2 L'adversaire de la Confédération

Durant l'année qui précède la Confédération, la politique des partis du Bas-Canada est des plus simples: les rouges sont contre et les bleus sont pour. Mercier se trouve dans une situation inconfortable. L'union des provinces britanniques d'Amérique du Nord, estime-t-il, n'est pas une solution puisque ses compatriotes seront toujours dans une position minoritaire. En 1866, il se voit donc dans l'obligation de quitter pour de bon *Le Courrier de Saint-Hyacinthe*, auquel il était revenu brièvement, et de rompre avec le Parti conservateur. La constitution de 1867 va confirmer ses craintes ainsi que l'insuffisance des pouvoirs accordés aux nouvelles provinces.

Le jeune Mercier se révèle un journaliste agressif et, bientôt, un orateur fougueux. (Archives nationales du Québec)

Honoré Mercier s'est taillé une réputation enviable comme avocat et la naissance de sa fille Élisa (qui épousera le futur premier ministre Lomer Gouin) n'est pas étrangère au bonheur de la famille. Mais le décès de Léopoldine, en septembre 1869, est une épreuve bien pénible et le surplus de travail que s'impose Honoré se révèle un remède bien médiocre pour apaiser sa souffrance.

Virginie Saint-Denis, seconde épouse d'Honoré Mercier
Bibliothèque nationale du Québec

À Saint-Hyacinthe, Mercier préside l'Union catholique, un cercle où de jeunes intellectuels organisent des conférences et des débats. Puis, en 1871, il épouse Virginie Saint-Denis, fille de marchand elle aussi, qui a treize ans de moins que lui. Cinq enfants naîtront de cette union dont Honoré Mercier fils, qui se lancera plus tard en politique. L'année suivante ont lieu des élections fédérales et Mercier est candidat dans le comté de Rouville. Les choses ont bien changé depuis 1866.

La Confédération étant un fait accompli, il importe maintenant d'en tirer le plus d'avantages possibles et de défendre les droits des Canadiens français à Ottawa. Il fait donc son entrée dans un nouveau mouvement politique qui constitue une première tentative d'unir libéraux et conservateurs sous une même bannière, afin de faire prévaloir l'intérêt des Canadiens français sur les motivations partisanes. Ce sera le premier parti national. Membre fondateur de la section montréalaise du parti, Mercier en est aussi le secrétaire. Dans les faits, le Parti national se confond avec les libéraux, dont il est l'allié, et veut favoriser la défaite des conservateurs de John A. Macdonald et de George-Étienne Cartier. Avocat renommé, organisateur habile, Mercier est aussi le meilleur orateur de sa formation politique, sachant faire appel aux sentiments pour que passent ses idées. Les électeurs de Rouville lui font confiance, mais le parti de Macdonald est reporté au pouvoir à l'échelle canadienne.

La famille Mercier (Archives nationales du Québec)

À Ottawa, Mercier et ses amis prônent la décentralisation du pouvoir fédéral. Le débat sur les écoles catholiques du Nouveau-Brunswick, auxquelles la législature provinciale vient de supprimer les octrois, connaît un grand retentissement au Québec. C'est donc un sujet de choix pour les débuts parlementaires de Mercier. Le 14 mai 1873, il prononce son premier discours devant une assemblée élective et déclare:

> *... la cause des cent mille catholiques de notre province sœur est la cause des 1 500 000 catholiques de toute la Puissance qui sont représentés par nous dans cette Chambre: les catholiques de tous les pays sont unis comme un seul homme sur cette question, et si la majorité de ce parlement rejette la prière des catholiques du Nouveau-Brunswick, elle blesse au cœur les catholiques de toute la Puissance qui devront protester solennellement contre un tel déni de justice et prendront en face de toute la nation l'engagement sacré de se venger à la première occasion que les circonstances fourniront.*[1]

Le gouvernement Macdonald, qui veut éviter de s'impliquer dans cette question «provinciale», est battu lors du vote en Chambre. Le discours de Mercier fait sensation. Un jeune député maskoutain, dit-on partout, s'est levé au Parlement d'Ottawa pour défendre les siens. Un tribun d'une grande éloquence est né. Par ce seul discours, Mercier commence à rattraper le retard qu'il accuse sur Wilfrid Laurier et, surtout, Joseph-Adolphe Chapleau, les deux étoiles montantes de la politique québécoise. Mais les prises de position farouchement nationalistes de Mercier ne font pas l'affaire de tous. Pendant les deux années qui suivent, ses exhortations en faveur de l'indépendance du Canada lui valent les réprimandes des chefs libéraux Mackenzie et Dorion. Aussi, lors des élections générales de 1874, on lui fait sentir que sa candidature n'est plus désirée. Mercier retourne donc à la pratique du droit à Saint-Hyacinthe.

---

[1] J. O. Pelland. *Biographie, discours, conférences, etc. de l'hon. Honoré Mercier*, p. 27

Le premier ministre Alexander Mackenzie, porté au pouvoir en 1873 lors du scandale du Pacifique Canadien, conserve ses fonctions lors du scrutin de 1874. Mercier demeure malgré tout actif sur le plan politique et espère reprendre sa place au Parlement lors de l'élection générale de 1878, qui confirme la chute des libéraux. Candidat libéral dans Saint-Hyacinthe, il est défait par six voix après une lutte âprement disputée, au cours de laquelle sa réputation de redoutable débatteur se voit renforcée. Ce qui semble être à première vue une déception sans nom se révèle bientôt salutaire. À Québec, le gouvernement libéral de Joly a désespérément besoin de renforts.

Chef de l'opposition à Québec

Chapitre 3

En 1878, l'année qui précède l'entrée de Mercier sur la scène provinciale, le lieutenant-gouverneur Luc Letellier de Saint-Just, un libéral du rouge le plus vif (qui sera destitué peu après par Macdonald) retire sa confiance au gouvernement conservateur de Charles-Eugène Boucher de Boucherville et appelle Henri-Gustave Joly de Lotbinière au poste de premier ministre. Les élections que déclenche le nouveau chef du gouvernement confirment la division des Québécois à la suite du coup de force de Letellier. Chaque parti obtient 32 sièges.

En 1878, le lieutenant-gouverneur Luc Letellier de Saint-Just provoque une crise constitutionnelle lorsqu'il destitue le gouvernement conservateur de Charles-Eugène Boucher de Boucherville. (Archives nationales du Canada)

La voix d'un député indépendant assure une majorité bien précaire à Joly. À tout moment, une absence d'un député ministériel ou une manœuvre habile de l'opposition, dirigée par le fougueux Joseph-Adolphe Chapleau, menace la survie du gouvernement. C'est dans ce contexte que Mercier arrive à Québec. Ses prises de position nationalistes l'ont rendu populaire. Il est devenu aussi un orateur accompli et Joly compte sans doute sur lui pour rivaliser avec Chapleau à ce chapitre. Chapleau, en 1879, c'est la grande vedette de la politique québécoise, un demi-dieu.

Joseph-Adolphe Chapleau fut sans doute le plus redoutable adversaire de Mercier.

Mercier accepte le portefeuille de solliciteur général que lui tend Joly. Il est par la suite élu au siège vacant de Saint-Hyacinthe lors d'une élection complémentaire tenue en juin.

(Les ministres de l'époque sont obligés de faire approuver leur accession au cabinet par leurs électeurs.) Mais le temps manque à Mercier pour se faire valoir à ce poste. Chapleau mène une opposition efficace. Avec la complicité du Conseil législatif, à majorité conservatrice, il force Joly à remettre sa démission en octobre. Une fois de plus, la chance fait faux bond à Mercier. Depuis longtemps, il se voit jouer un grand rôle dans l'histoire de son peuple. Le sort lui sera-t-il toujours défavorable? Un moment, découragé, il songe à quitter la politique pour de bon. Mais ses électeurs l'en dissuadent. Mercier reste donc en ligne, dans l'attente des événements.

Henri-Gustave Joly de Lotbinière dirige un gouvernement libéral lorsque Mercier fait son entrée en politique provinciale. (Archives nationales du Canada)

À la législature, le premier ministre Chapleau règne en maître, mais Mercier s'affirme de plus en plus de l'autre côté des banquettes. Bien vite on le perçoit comme le plus sérieux adversaire du gouvernement. Ses attaques sont sévères, sa popularité croissante. Il agit comme le véritable chef de l'opposition; ce qu'il est en fait. L'austère calviniste Joly, dit-on, songerait bientôt à lui remettre le parti entre les mains. L'intégrité douteuse de l'administration Chapleau favorise la montée de Mercier. Le premier ministre, aux prises avec l'élément extrémiste et ultramontain de son parti, les Castors, cherche à réaliser une coalition avec des libéraux modérés. Plusieurs approches en ce sens sont tentées auprès de Mercier (qui n'est pas encore chef du parti!) mais sans résultat.

En 1881, Mercier est réélu par acclamation dans Saint-Hyacinthe. Chapleau, porté à nouveau au pouvoir, songe à la politique fédérale, intention qui se concrétise à l'été de 1882. Le ministre fédéral Joseph-Alfred Mousseau remplace Chapleau à la tête de la province. Mousseau n'a pas l'envergure de Chapleau, loin s'en faut! Le nouveau premier ministre ne fait pas le poids devant Mercier, confirmé officiellement dans sa fonction de chef de l'opposition en 1883. Étroitement lié à Chapleau, on associe volontiers Mousseau à la corruption du régime précédent. Pour comble de malheur, son élection dans le comté de Jacques-Cartier est annulée et un nouveau vote est fixé au 26 septembre 1883. On assiste alors à une campagne passionnée, dont le pont culminant a lieu le soir du 6 septembre lors d'une assemblée à Saint-Laurent. Une foule nombreuse assiste au débat le plus mémorable qui ait jamais été tenu. Les gros canons des deux partis y sont réunis. Un affrontement Chapleau-Mercier est à prévoir. Chapleau est malade, Mercier alité, mais les deux combattants ne veulent pas manquer ce rendez-vous avec l'histoire. Chapleau attaque férocement Mercier qui s'est rapproché des Castors, les ennemis jurés du secrétaire d'État. Mercier riposte et inflige à son adversaire la seule défaite oratoire de sa carrière: une condamnation en règle du régime Chapleau-Mousseau. Le débat prend aussi une tournure personnelle:

> *Si l'honorable secrétaire d'État était pauvre il y a dix-huit mois, comment se fait-il qu'il soit riche maintenant? Il n'a pas travaillé depuis un an qu'il se promène aux États-Unis... Je constate une chose, et j'attire l'attention sur ce fait: c'est que l'ex-premier ministre du Québec se trouve riche au moment même où M. Senécal le devient; riche au moment où la province est plus*

pauvre que jamais, au moment même où, incapable de payer ses serviteurs, elle jette sur le pavé de malheureux pères de famille.[2]

Sénécal, c'est l'ami intime de Chapleau, un financier richissime que l'on soupçonne de profiter des «largesses» du régime, particulièrement au moment de la vente du chemin de fer du nord. Pendant ses années comme chef de l'opposition, c'est principalement au laxisme et à la corruption du gouvernement conservateur que s'en prend Mercier. Des événements survenus dans l'ouest du pays vont bientôt concrétiser sa conquête du pouvoir.

[2] J. O. Pelland. *Biographie, discours, conférences, etc. de l'hon. Honoré Mercier*, p. 444

Mercier ne tarde pas à faire sa marque comme chef de l'opposition libérale. Bibliothèque nationale du Québec

Au début de 1884, J.J. Ross, qui siège au Conseil législatif, remplace Mousseau à la tête du gouvernement. Ultramontain, honnête homme, mais peu équipé pour faire face à ses responsabilités, il constitue une proie facile pour Mercier. Ce dernier utilise souvent l'ironie en Chambre, comme c'est le cas le 31 mars:

> *Le discours du trône est un chef-d'œuvre de maigreur ascétique; il porte la couleur de la saison qui l'a vu naître et du vendredi qui l'a produit. Inutile de le nier; cet enfant est né un jour maigre et en plein carême.*[3]

John Jones Ross (Archives nationales du Canada)

Un an plus tard, le bilan législatif du gouvernement Ross est tout aussi rachitique, mais la seconde rébellion du Nord-Ouest va détourner l'attention des Québécois. Revenu d'exil, Louis Riel mène les troupes métisses déterminées à faire valoir leurs droits,

[3] *Ibid.*, p. 119

devant l'envahissement des colons et des agents gouvernementaux. Les Métis sont vaincus par l'armée fédérale; Riel est emprisonné puis jugé à Régina. La province de Québec se soulève comme un seul homme et l'émoi n'y a jamais été

Louis Riel

aussi fort. Profitant habilement du contexte émotif qui émerge de la crise, Mercier lance un vibrant appel à l'unité pour défendre le malheureux Riel, un frère de sang injustement persécuté. La tension est à son comble lorsque Riel est pendu le 16 novembre 1885, à la suite d'un procès teinté d'irrégularités. Mercier est la figure dominante à l'assemblée du Champ de Mars tenue six jours plus tard. Quelque 50 000 personnes, soit le quart de la ville de Montréal, l'entendent prononcer le discours de sa vie:

À la fin du XIXe siècle, c'est au Champ de Mars qu'ont lieu les grandes assemblées politiques tenues dans la métropole.
Bibliothèque nationale du Québec

> *Riel, notre frère, est mort, victime de son dévouement à la cause des Métis dont il était le chef, victime du fanatisme et de la trahison; du fanatisme de sir John et de quelques-uns de ses amis; de la trahison de trois des nôtres qui, pour garder leur portefeuille, ont vendu leur frère.*[4]

Les trois «traîtres» ici visés sont les ministres québécois du cabinet Macdonald: Langevin, Caron et, surtout, Chapleau, resté insensible à l'appel pathétique que lui a lancé Mercier peu avant l'exécution de Riel. Sans l'ombre d'un doute, Mercier sort plus fort de ces événements et personnifie dès lors mieux que quiconque les aspirations et la fierté des Canadiens français. L'affaire Riel a prouvé jusqu'où pouvait aller le fanatisme des Canadiens anglais. Mercier tire profit de l'indignation populaire. Des conservateurs indignés renient leur chef et fondent avec Mercier le deuxième parti national. La route du pouvoir est désormais tracée au fils de cultivateur de Sabrevois. Il lui faut patienter deux ans, mais sa poussée est irrésistible. Aux élections du 14 octobre 1886, les libéraux doublent leur effectif en Chambre et un groupe de cinq conservateurs nationaux détient la balance du pouvoir. Comme c'est le cas à l'époque, Mercier, fort de cet appui, doit toutefois attendre la réouverture du Parlement pour former officiellement son équipe ministérielle. En janvier 1887, Louis-Olivier Taillon dirige en Chambre un gouvernement essoufflé dont il est obligé de remettre la démission. L'heure de Mercier est enfin venue. Le 29 janvier, il devient premier ministre de la province de Québec.

---

[4] J. O. Pelland. *Biographie, discours, conférences, etc. de l'hon. Honoré Mercier*, p. 328

«Cessons nos luttes fratricides et unissons-nous!»

Chapitre 4

Le premier geste du premier ministre Mercier sera de former un cabinet dont feront partie des conservateurs. L'ultramontain Pierre Garneau se retrouve donc au Conseil législatif et pourvu du portefeuille des Terres. Pour Mercier, la division des partis a toujours empêché l'unité du peuple et la poursuite du mieux-être collectif. Dans son premier discours en Chambre en tant que premier ministre, il affirme, le 18 mars 1887:

> *En premier lieu, le gouvernement n'est pas un gouvernement libéral, mais national, et je suis ici comme chef du Parti national. Je représente les idées de la majorité de mes compatriotes, les idées de ceux qui veulent un changement pour le mieux.*[5]

---

[5] J. O. Pelland. *Biographie, discours, conférences, etc. de l'hon. Honoré Mercier*, p. 182

Le premier ministre Mercier Bibliothèque nationale du Québec

Mercier aime en appeler à la fierté des siens, mais sa pensée politique repose avant tout sur une vision claire et réfléchie du rôle d'un gouvernement dans la recherche de la prospérité. Pour consolider son pouvoir, il doit aussi apaiser les craintes du clergé à son endroit. Il peut compter sur l'appui de François-Xavier Trudel, qui dirige le journal ultramontain *L'Étendard*. Puis, dans un geste sans précédent, il nommera Antoine Labelle (qui est curé de Saint-Jérôme) sous-ministre de la Colonisation.

Le curé Labelle (Archives nationales du Québec)

Le développement de la province nécessite un effort collectif et simultané dans différentes sphères d'activités, en commençant par les chemins de fer et le réseau routier.

Mercier n'hésitera pas à contracter plusieurs emprunts. La colonisation demeure pour lui un secteur de premier plan car il espère, en ouvrant de nouvelles terres dans des régions encore mal connues, enrayer l'élan d'émigration des siens vers la Nouvelle-Angleterre. En 1887, le gouvernement emprunte trois millions de dollars à des hommes d'affaires français, une somme considérable puisque le budget provincial se chiffre à trois millions et demi. Au mois d'août, Mercier effectue une tournée triomphale au Lac-Saint-Jean. Pour la première fois, le train se rend jusqu'au lac Bouchette. En comprenant les besoins des Québécois, et en prenant les moyens nécessaires pour les combler, Mercier est bien l'homme du peuple. Son langage direct fait des miracles. De toute façon, ce fils de paysan n'est-il pas un des leurs?

Sous l'impulsion de Mercier et du curé Labelle, un effort majeur est porté en faveur de la colonisation. La maison d'un colon de Sainte-Adèle, dans le comté de Terrebonne.

Décidément, ce premier ministre ne fait pas les choses à moitié. À l'automne, il convoque une conférence interprovinciale, une première dans l'histoire canadienne. Honoré Mercier a toujours cru que la Confédération de 1867 était une erreur historique, un carcan pour son peuple. Non seulement le partage des pouvoirs a-t-il été défavorable aux Canadiens français, mais la politique centralisatrice du gouvernement fédéral de John A. Macdonald cherche à réduire la portée véritable de la juridiction provinciale. Faire valoir des griefs communs avec les autres premiers ministres constitue donc un geste audacieux, mais qui s'impose néanmoins, car vingt ans après sa création, le système fédéral tend à s'écarter de l'équilibre recherché à l'origine par les pères de la Confédération. Depuis longtemps, Mercier a fait connaître sa conception du fédéralisme. Il avait déclaré, en 1884:

> *L'existence des provinces a précédé celle de la puissance et c'est d'elles que celle-ci a reçu ses pouvoirs. (...) Elles sont souveraines dans les limites de leurs attributions et toute atteinte portée à cette souveraineté est une violation du pacte fédéral.*[6]

La conférence adoptera des résolutions en ce sens. On se plaindra notamment du pouvoir de désaveu, qui permet au gouvernement fédéral d'invalider toute loi provinciale qui va à l'encontre de ses positions. Bref, la conférence démontre clairement que le mécontentement n'est pas limité au Québec. Par ailleurs, elle consacre Mercier défenseur par excellence de l'autonomie provinciale, rehausse son prestige et témoigne d'une solidarité entre les provinces à l'égard du pouvoir centralisateur de Macdonald.

Les participants à la conférence interprovinciale de 1887 (Archives nationales du Québec)

[6] *Ibid.*, p. 399

CONFÉRENCE INTERPROVINCIALE DE QUÉBEC

1887

Plus que tout autre premier ministre avant lui, Mercier croit au pouvoir de l'instruction et, tout au long de ses quatre années comme premier ministre, il va s'efforcer de la rendre plus accessible aux Québécois. Partisan de l'école obligatoire, il ne veut toutefois rien brusquer en ce sens de crainte de provoquer une guerre ouverte contre le clergé. (Son gouvernement, rappelons-le, demeure fragile et ne peut survivre qu'avec la complicité des conservateurs nationaux qui ont fait défection.) Il déclare, en 1888:

> *Un homme instruit, dans la lutte que nous soutenons, en vaut dix et c'est faire acte de patriotisme que d'accroître et de fortifier le nombre de combattants et de fournir de nouvelles et vigoureuses recrues. Nous devons prendre l'enfant du peuple par la main et le conduire à l'école.*[7]

Entre 1887 et 1891, l'administration Mercier affectera plusieurs moyens à cette lutte, parmi lesquels l'école du soir pour les adultes (que rappellera Claude-Henri Grignon) et la fondation des écoles techniques revêtent une importance particulière.

En juin 1888, Mercier, toujours prudent dans ses relations avec le clergé, décide de s'attaquer à une question épineuse: les biens des jésuites. L'histoire remonte à la conquête de 1759, alors que les Anglais refusent de restituer les possessions de cette communauté religieuse peu sympathique au roi George III. Confiés par la suite au gouvernement fédéral, les biens sont remis à celui de Québec. Mais qu'en faire et, surtout, à qui les remettre? L'Université Laval dit avoir une voix au chapitre, tout comme l'archevêque de Québec, qui se sent seul habilité par l'Église à régler l'affaire. La décision est délicate à prendre car, dans quelque sens qu'il penche, Mercier risque de susciter le mécontentement. Habilement, il recourt à la lumière de l'autorité suprême: le pape. Le règlement proposé par Mercier comprend une indemnité de 400 000 $ que le Pape répartit entre les jésuites, l'Université Laval et les différents diocèses. Un geste extrêmement habile, qui lui vaut l'appréciation du clergé et le mépris des orangistes du Canada anglais, aux yeux desquels ce premier ministre, qui se dit constamment catholique et français, se révèle une remarquable source d'irritation. Ce que veut cet homme, dit-on à Toronto, c'est ni plus ni moins étendre

---

[7] Pierre Charbonneau. *Le projet québécois d'Honoré Mercier*, p. 181

Cette caricature, parue dans le journal Grip, ironise un rêve cher à Mercier: étendre l'influence de la langue française à la grandeur du Canada.

l'influence du catholicisme et la présence française à la grandeur du pays. Un véritable envahissement. Mercier est donc l'homme à abattre et c'est aussi ce que pense John A. Macdonald, à qui Mercier rend bien son aversion.

Le 24 juin 1889, Mercier prononce un fort plaidoyer en faveur de l'unité nationale:

> *Nous sommes divisés parce que nous avons hérité des qualifications de rouges et de bleus; parce que le respect humain nous dit de nous appeler libéraux ou conservateurs; parce qu'il est de bon ton d'avoir un nom et un titre sous prétexte d'avoir des principes, surtout quand ils ne sont pas attaqués. (...) Que notre cri de ralliement soit à l'avenir ces mots qui seront notre force: Cessons nos luttes fratricides et unissons-nous!*[8]

Mercier se fait aussi un devoir de courtiser les Canadiens de la Nouvelle-Angleterre, qu'il espère toujours ramener au pays. Le 12 novembre 1889, il prononce un discours controversé au Congrès catholique de Baltimore et soulève l'ire des *Equalrightistes* de l'Ontario lorsqu'il soutient:

> *... nous avons remis à l'Église catholique, par l'entremise de l'ordre des jésuites, la propriété dont elle avait été spoliée par le même George III qui avait voulu spolier vos pères de leurs libertés et de leurs droits.*[9]

Autre question délicate, Mercier favorise l'indépendance de la succursale de l'Université Laval à Montréal, dont la maison-mère de Québec propage des idées trop progressistes au goût de l'épiscopat. Le premier ministre soutient également la fusion de l'école de médecine Victoria de Montréal et la faculté de médecine de l'Université Laval afin d'apaiser le clergé.

En 1890, Mercier, qui dénonce l'empiétement fédéral sur les droits de pêche de la province, formule aussi des représentations pour l'accroissement du territoire québécois, une question déjà soulevée lors de la conférence interprovinciale de 1887. Le territoire nordique dont le Québec a été dépouillé à la

---

[8] Pierre Charbonneau. *Le projet québécois d'Honoré Mercier*, p. 50

[9] J. O. Pelland. *Biographie, discours, conférences, etc. de l'hon. Honoré Mercier*, p. 647

Confédération s'étend sur 300 000 kilomètres carrés. Les prétentions québécoises ne seront pas admises du temps de Mercier, mais une entente en ce sens sera conclue en 1907 entre le gendre de Mercier, Lomer Gouin, et Wilfrid Laurier. Quoi qu'il en soit, cette nouvelle initiative à caractère autonomiste, bien que parfaitement légitime, rend Mercier encore plus suspect dans l'optique anglaise.

Toujours en 1890, Mercier met de l'avant une mesure destinée à encourager l'élan de la colonisation: l'octroi d'une terre gratuite aux parents de douze enfants et plus. Une autre initiative, la création de l'Ordre du mérite agricole, visera aussi à récompenser les cultivateurs les plus méritants. L'agriculture n'est toutefois pas le seul secteur de l'économie à mériter l'attention du chef du gouvernement. Rien ne servirait de produire dans ce domaine si les villes, dont il espère doubler la population, n'offraient pas de débouchés suffisants. D'où la nécessité de stimuler l'activité industrielle par une démarche audacieuse: l'intervention de l'État et les travaux publics. Par ailleurs, Mercier instaure une taxe sur les grandes entreprises: une remarquable innovation pour l'époque. Bref, la vision qu'entretient Mercier à l'égard de la province est cohérente mais coûteuse, forçant le gouvernement à emprunter sur les marchés financiers internationaux. Cette politique ne plaît pas à tous. Son régime a accru la dette provinciale d'un million et demi de dollars, mais qu'importe. C'est là le prix du progrès.

Le 17 juin 1890, Honoré Mercier remporte une éclatante victoire à l'élection générale. Le premier ministre est à son zénith. Désormais, il n'écoutera plus personne.

La place Jacques-Cartier à Montréal, à l'époque où Mercier est premier ministre

Chapitre 5 L'aveuglement du succès

Avec le pouvoir se transforme la personnalité de Mercier ou, peut-être, en découvre-t-on la véritable nature. Contrairement à Laurier, qui ne se départira jamais de son humilité, Mercier éprouve le sentiment que la province ne peut plus se passer de lui. Il se sent intouchable. Son peuple ne vient-il pas de l'élire avec 42 sièges sur les 73 qui composent l'assemblée législative? Sa volonté résolue de conserver un gouvernement national irrite les vrais libéraux, tel le jeune Calixte Lebœuf, qui écrit à l'organisateur Ernest Pacaud que Mercier abandonne les principes du parti rouge. Le premier ministre hausse les épaules. Jamais sa force n'a paru si manifeste. Au point qu'il prend peu à peu ses distances avec les conservateurs nationaux, dont les prises de position exposées dans les journaux *La Justice*, *La Vérité* et *L'Étendard* tendent à l'irriter.

Mercier ne tolère plus la critique. C'est pourquoi ces publications sont tenues d'appuyer la politique gouvernementale sous menace de perdre des contrats ou des tarifs d'imprimerie

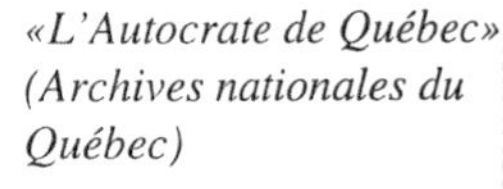

«L'Autocrate de Québec» (Archives nationales du Québec)

réduits. En bâillonnant la presse, «l’Autocrate de Québec», comme le surnomment *L’Étendard* et *La Presse*, vient de se mettre à dos une grande partie de son soutien traditionnel.

«César Mercier» se voit investi d’une grande mission et sa vanité ne connaît plus de limites. Lorsque le responsable du *Journal des débats*, Alphonse Desjardins, refuse de changer la transcription d’un discours prononcé en Chambre par le premier ministre, ce dernier le met à la porte. Mercier s’est aussi éloigné de Saint-Hyacinthe en briguant les suffrages dans Bonaventure à l’élection générale. Un comté plus facile et qui, surtout, le met à l’abri des invectives que lui lance à satiété son vieil ennemi Pierre de La Bruère dans *Le Courrier de Saint-Hyacinthe*. L’homme fort du Québec a aussi entrepris une nouvelle lutte: sortir le vieux John Macdonald du gouvernement d’Ottawa. À l’élection de 1891, il appuie Laurier, qui lui semble le choix le plus logique même si les deux hommes accusent de sérieuses divergences quant à leur conception du fédéralisme.

Pierre de La Bruère

Le 13 mars 1891, Mercier, accompagné de ses plus proches collaborateurs, dont l'organisateur Ernest Pacaud, se rend par train à New York. De là, le groupe doit gagner l'Europe en bateau. Le premier ministre est heureux. La perspective de visiter la vieille France l'enthousiasme, mais le périple vise avant tout à procurer dix millions de dollars supplémentaires à la province, dont l'expansion nécessite une injection de fonds massive. La troupe de Mercier n'est pas seule à bord du train. Dans un wagon voisin, Pacaud s'entretient avec Charles Newhouse Armstrong, l'entrepreneur du chemin de fer de la baie des Chaleurs, venu présenter au gouvernement une réclamation de 175 000 $. La province procède à la réorganisation de cette entreprise, que Mercier veut destiner au développement de la péninsule gaspésienne. Armstrong veut rétrocéder le contrat qu'il a signé avec les anciens dirigeants de la compagnie. Une entente est conclue à cet égard et Armstrong, satisfait, quitte le train à Saint-Jean. L'opération semble banale, mais elle va pourtant bouleverser le destin d'Honoré Mercier.

La tournée française est un véritable triomphe. Partout, l'accueil est chaleureux. Responsables politiques, hommes d'affaires et cercles catholiques s'arrachent Mercier. Le fils de la Nouvelle-France fait sensation. On admire son éloquence. Reçu à l'Alliance française, il prononce un discours fertile en émotions lors d'un banquet présidé par un académicien, le comte de Vogüe:

Ce portrait de Mercier est sans doute le plus connu. (Archives nationales du Canada)

> *Les 70 000 Français de 1759 sont aujourd'hui représentés par deux millions et demi, oui, Messieurs, deux millions et demi de Canadiens français qui parlent votre langue, qui aiment encore l'ancienne mère-patrie, qui souffrent de vos défaites comme ils se réjouissent de vos triomphes; qui s'écriaient en voyant arriver un navire français à Québec, il y a quarante ans: «Voilà nos gens qui reviennent!» et qui se réunissaient aux portes de leurs églises, en 1870, pour envoyer des secours à vos soldats blessés, humble tribut d'amour filial pour la patrie de leurs ancêtres.*[10]

La presse parisienne ne tarit pas d'éloges pour Mercier. Les Français sont touchés. Habilement, mais aussi avec sincérité, Mercier proclame la loyauté de la Nouvelle-France à l'égard de la vieille France. À l'Élysée, le président Carnot le nomme commandeur de l'ordre de la Légion d'honneur. À Bruxelles, quelques jours plus tard, le roi des Belges le fait commandeur de l'ordre de Léopold. À Rome, où il sera reçu en audience par Léon XIII, Mercier rencontre les plus hauts dignitaires du Vatican. La réputation enviable qu'il a acquise lors du règlement de l'affaire des biens des jésuites l'a précédé. Le pape le crée comte palatin à titre héréditaire, une très haute dignité romaine.

Aussi efficaces qu'elles soient pour nourrir sa vanité, ces prestigieuses distinctions vont pourtant susciter chez Mercier une émotion moins forte que celle que lui procure son passage au village de Tourouvre, le pays de ses ancêtres. Dans ce patelin du Perche, les Mercier sont nombreux. La rencontre de parents d'outremer émeut le premier ministre au plus haut point. Avant de quitter Tourouvre, Mercier donne deux vitraux à l'église du village. Le premier relate le départ de Julien Mercier et de 80 familles de Tourouvre pour le Canada, vers l'an 1650. Mercier apparaît sur le second vitrail ainsi que cette inscription: «31 mai 1891. Honoré Mercier, premier ministre de Québec, vient prier dans l'église de Tourouvre et dit: «Nous n'avons oublié ni Dieu ni la France.»

Mercier se rend ensuite à Bordeaux, à Caen et à Saint-Malo, où il fait graver une plaque rappelant la traversée de Jacques Cartier. Peu après, le premier ministre et sa délégation

[10] Charles Langelier. *Souvenirs politiques 1890 à 1896*, p. 94

quittent Liverpool à bord du paquebot *Parisian*, qui accoste enfin à Québec le 18 juillet.

À Québec, comme à Montréal quelques jours plus tard, l'accueil est délirant. Avec fierté, le peuple a suivi le voyage de son chef et s'est réjoui de ses succès. Si elle a contribué au resserrement des liens culturels et affectifs avec la France, la tournée de Mercier n'a pas été une réussite sur le plan financier. Les dix millions de dollars escomptés sont réduits à quatre. Avec la complicité du haut-commissaire canadien à Londres, Charles Tupper, le gouvernement d'Ottawa a provoqué l'échec de Mercier en alertant les milieux de la haute finance sur l'état d'endettement de la province, que l'on estime exagérément à dix millions de dollars. C'est là une somme énorme qui va compromettre le crédit de la province.

La chute

Chapitre 6

Durant l'été de 1891, les événements vont se succéder à un rythme tel que Mercier, encore grisé de son succès européen, n'aura pas le temps de réagir. Au moment même où il semble incarner à un degré inégalé la fierté des Canadiens français, une rumeur commence à circuler dans les hautes sphères du pouvoir. La transaction de 175 000 $ avec l'entrepreneur Armstrong, effectuée dans le train qui devait conduire Mercier au port de New York à la veille de son voyage en Europe, revêt un caractère louche. Armstrong aurait, semble-t-il, redonné une partie de cette somme, que lui avait versée le gouvernement, à Ernest Pacaud, l'organisateur électoral de Mercier.

Tel Napoléon à l'île Sainte-Hélène, Mercier va connaître l'amertume d'une chute brutale. Caricature parue dans le Grip

L'affaire débute avant même que Mercier ne revienne au pays. Durant son absence, l'intérim est assuré par le ministre Pierre Garneau, un conservateur qui s'est joint à Mercier au moment de la fondation du Parti national. Homme intègre, Garneau hésite à signer la lettre de crédit qui concrétiserait l'entente avec Armstrong. Celle-ci lui apparaît bâclée. Il demande donc conseil au lieutenant-gouverneur Auguste-Réal Angers, un ennemi juré de Mercier. Angers décide d'attendre le retour de Mercier pour lui demander des explications. Entre-temps, le gouvernement fédéral conservateur, de qui relèvent les chemins de fer, décide d'agir à son tour. Un scandale majeur, l'affaire McGreevy, vient éclabousser le ministre fédéral des Travaux publics, Hector Langevin. Cette histoire du chemin de fer de la baie des Chaleurs fournit donc aux conservateurs une occasion de répliquer et de s'en prendre à Mercier, que l'on cherche à éliminer depuis longtemps.

Le 4 août 1891, un comité sénatorial est formé pour enquêter sur la transaction. Appelé comme témoin, Armstrong confirme aux membres du comité la rumeur persistante: il n'a gardé que 75 000 $ des 175 000 que le gouvernement lui avait accordés. Armstrong a remis la différence (100 000 $) à Ernest Pacaud, le bras droit de Mercier. Une partie de cette somme, apprendra-t-on plus tard, aura servi à payer des dettes électorales... ainsi qu'une partie des frais de voyage de Mercier en Europe.

Ces révélations produisent l'effet d'une bombe. Le 14 septembre, le comité émet un rapport qui incrimine Pacaud. De son côté, Angers n'a pas non plus perdu de temps. Dès son arrivée au pays, Mercier est convoqué à Québec par le lieutenant-gouverneur. Le premier ministre fait la sourde oreille et se moque de ses conseillers, qui l'exhortent à répondre au désir d'Angers. L'affaire est grave, lui répète-t-on. Mercier affiche une suffisance inouïe. Alors qu'Angers s'impatiente dans la capitale, le premier ministre endosse son habit de comte palatin et, coiffé d'un chapeau à plumes, distribue des médailles à un groupe de zouaves pontificaux en l'honneur desquels il donne une fête à son domaine de Sainte-Anne-de-la-Pérade. Angers va bientôt le rappeler à la réalité. Le 7 septembre, il transmet à Mercier un rapport proposant l'établissement d'une Commission royale d'enquête. Plus grave encore, Angers commande au gouvernement de ne prendre aucune décision importante en attendant que la Commission fasse connaître le résultat de ses travaux. Celle-ci est présidée par le juge Louis-Amable Jetté, un libéral, auquel se joignent deux conservateurs, Georges Baby et Charles Peers Davidson.

Dans ce climat de suspicion qui obscurcit soudain la vie politique, la presse conservatrice se révèle une arme redoutable contre Mercier. Depuis longtemps, plusieurs journaux ont des comptes à régler avec lui. En cet automne de 1891, l'occasion paraît presque trop belle pour être vraie. Descendre Mercier de son trône, voilà une tâche dont on s'acquitte avec délectation. Une personnalité bien connue, Jules-Paul Tardivel, directeur de *La Vérité*, se montre un peu trop cinglant au goût de Mercier. À l'instar de deux journalistes de la *Gazette* une semaine plus tôt, il le fait emprisonner. Erreur monumentale qui illustre, plus que tout autre fait, à quel point le chef du gouvernement semble dépassé par les événements.

Mercier fait emprisonner le directeur de La Vérité, *Jules-Paul Tardivel.*

Lorsque Mercier prend enfin conscience du sérieux de la situation, il est déjà trop tard. On l'appelle pour témoigner à la Commission royale d'enquête, puis, le 16 décembre, les juges Baby et Davidson présentent un rapport préliminaire qui blâme sévèrement Pacaud. Mercier jouit du bénéfice du doute, rien n'ayant établi de façon certaine qu'il ait eu connaissance des tractations Armstrong-Pacaud. Malade, le juge Jetté (qui fera connaître plus tard une opinion favorable à Mercier) n'a pu intervenir, mais la chose importe peu à Angers. Conservateur invétéré, il faisait partie du cabinet de Boucherville lorsque celui-ci fut renvoyé par le lieutenant-gouverneur Luc Letellier de Saint-Just, en 1878. Aujourd'hui, les rôles sont inversés. Le jour même où les juges Baby et Davidson rendent leur rapport public, Angers fait parvenir une lettre au premier ministre. C'est la destitution. Ironie de l'histoire, l'homme appelé à former le nouveau gouvernement se nomme... Charles-Eugène Boucher de Boucherville.

Mercier implore Laurier de lui venir en aide. Le scandale du chemin de fer de la Baie des Chaleurs fait les délices des caricaturistes.
Le *Grip*, 23 janvier 1892

Le lieutenant-gouverneur Auguste-Réal Angers manigance la chute de Mercier. (Archives nationales du Canada)

Mercier ne tarde pas à y voir une vengeance politique. Il répond à Angers le 17 décembre et l'accuse de favoritisme:

> *Vous dites que vous me retirez votre confiance. Vous vous faites illusion, car vous le savez bien, vous me l'avez toujours refusée cette confiance. Vous êtes sorti des luttes actives de la politique pour monter sur le banc où vous êtes toujours resté partisan. Vous avez laissé le banc judiciaire pour aller à Spencer Wood et, là encore, vous avez tenu tout le temps que j'ai été votre aviseur la conduite d'un partisan politique. Je savais que je n'avais point votre confiance, mais je savais aussi que je n'en avais pas besoin. J'avais celle du peuple et de la grande majorité de ses représentants et celle-ci me suffisait.*[11]

Mercier conserve néanmoins des partisans. Le 18 décembre, 4000 d'entre eux l'accueillent à la gare du Canadien Pacifique, à Montréal, et entonnent *La Marseillaise*. Trois jours plus tard, il déclare devant une foule encore plus nombreuse: «Je ne viens pas vous demander de me venger, ce ne serait pas digne de moi. Je viens vous demander de sauver la Constitution en péril.»[12]

---

[11] «La chute de l'idole», *Nos racines*, nº 108, p. 2152

[12] *Ibid.*, p. 2153

L'humiliation

Chapitre 7

De Boucherville déclenche des élections pour le 8 mars 1892. Campagne forcément désastreuse pour Mercier, qui dirige un parti en lambeaux. Fini le rêve du Parti nationaliste. Ceux qui, hier, profitaient du succès de Mercier se détournent aujourd'hui de lui, quand ils ne se joignent pas à la meute pour le dénoncer.

Wilfrid Laurier est chef du Parti libéral canadien au moment du scandale du chemin de fer de la Baie des Chaleurs.
(Archives nationales du Canada)

Le juge Jonathan Wurtele préside le procès Mercier. (Archives nationales du Canada)

Wilfrid Laurier prend ses distances, sentant bien que Mercier court au désastre. Depuis sa chute, celui-ci est devenu la cible de prédilection du public. Après la stupeur, la déception du peuple se transforme en une hargne implacable. Le héros de jadis est maintenant cloué au pilori. Le 5 mars, il lance par dépêche un dernier appel à la province:

> *... tout en respectant les droits de la minorité anglaise et protestante, j'ai affermi, sur des bases solides, ceux des Canadiens français et catholiques. Au milieu de tous ces efforts consciencieux, j'ai pu, et j'ai même dû, commettre des erreurs involontaires. (...) J'essaierai de les éviter à l'avenir, autant que mon jugement me le permettra. Dans ce but, je surveillerai davantage ceux qui m'entourent, j'éloignerai prudemment, mais vigoureusement, tous ceux qui ne seraient pas dignes de la confiance publique, j'empêcherai non seulement toutes les causes de scandales qui pourraient se produire, mais encore celles de tout soupçon qui pourrait naître.*[13]

Mais le peuple n'écoute plus. Le jour du scrutin, 52 conservateurs, 18 partisans de Mercier et un indépendant sont choisis pour former la prochaine assemblée. La réélection de Mercier dans Bonaventure tient presque du miracle (voir prologue). Partout où il a pris la parole, le conservateur Charles Thibault l'a suivi pour tenter de soulever les électeurs contre lui. À son retour dans la capitale, Mercier est conspué par une foule enragée.

Il le croit fermement, le peuple s'est montré impitoyable à son endroit. Le lendemain du scrutin, ne pouvant contenir son amertume, il écrit que les Canadiens français seront sévèrement blâmés par l'histoire. À elle seule, cette déclaration publique témoigne du profond désespoir qui l'habite. Ses ennuis ne font pourtant que commencer. Ses ennemis n'en ont pas fini avec lui. Sa chute ne sera pas que politique, assurent-ils. Le nouveau procureur général de la province, le peu sympathique Thomas-Chase Casgrain (celui-là même qui fut l'un des procureurs chargés de la poursuite contre Louis Riel!), entame maintenant des procédures judiciaires contre l'ancien premier ministre.

---

[13] «La chute de l'idole», *Nos racines*, n° 108, p. 2154

Le 20 avril 1892, le connétable Thomas Gale lui remet une sommation à sa résidence de la rue Saint-Denis, à Montréal. L'accusation ne porte pas sur le scandale du chemin de fer de la baie des Chaleurs. Le libraire J. A. Langlais a obtenu du gouvernement Mercier un contrat de fourniture de papeterie de 50 000 $, en retour d'un pot-de-vin de 25 000 $. Mercier, dit la Couronne, aurait touché cet argent.

Sommé de paraître le 28 avril devant le juge des sessions spéciales de la paix Alexandre Chauveau (un conservateur), Mercier y apprend que sa cause est reportée. Elle le sera d'ailleurs encore le 9 juin. Le 20 octobre, la couronne demande un nouveau délai. Mercier éclate:

> *Bien que mes persécuteurs aient eu en mains le contrôle exclusif de l'administration de la justice, les procédures contre moi ont été menées avec une lenteur calculée, comme s'ils eussent voulu me faire mourir à petit feu. (...) Mon titre de père de famille n'est pas suffisant pour les engager à me rendre justice. Mais en ma qualité de sujet britannique, je demande avec orgueil que cette justice me soit rendue.*[14]

Commencé le 26 octobre, le procès, présidé par le juge Jonathan Wurtele (un autre conservateur), se termine le 4 novembre. Le jury ne met que 13 minutes à innocenter Mercier et Pacaud. L'honneur de Mercier est sauf.

Ce dénouement va le réhabiliter aux yeux du peuple. Déjà, à la sortie du tribunal, une foule considérable lui manifeste son appui. Mais au moment même où il est porté en triomphe, Mercier n'en mesure que trop bien le coût. Les épreuves des derniers mois l'ont ruiné. Il a souffert un cruel abandon, seul un petit groupe de partisans lui étant demeuré fidèle. Son intégrité n'a pas été questionnée qu'au tribunal. Dans les journaux, comme un peu partout en province, on s'interroge sur sa richesse soudaine, qui a coïncidé avec ses années au pouvoir. Des accusations que Mercier avait lui-même formulées autrefois contre Chapleau.

---

[14] «La chute de l'idole», *Nos racines*, nº 108, p. 2155

Le jury au procès Mercier (Archives nationales du Québec)

Le 7 juin, il a dû faire cessation de ses biens. Il va perdre ensuite sa résidence de la rue Saint-Denis, puis son domaine de Sainte-Anne-de-la-Pérade, qu'il avait baptisé Tourouvre. À la fin de 1892, la perte de sa bibliothèque lui sera particulièrement pénible. Heureusement, des amis la lui rachèteront. Plus grave encore, le diabète commence aussi à faire son œuvre.

Au début de 1893, Honoré Mercier est un homme fatigué et déçu par la vie. Il participe néanmoins à la mise sur pied d'un bureau d'avocats avec deux fidèles: son gendre, Lomer Gouin, qui sera premier ministre de la province de 1905 à 1920, et Rodolphe Lemieux. Il n'a pas paru au Parlement depuis sa défaite. Le Parti national n'est plus, la coalition entre libéraux et conservateurs nationaux ayant cessé d'exister. Comme autrefois, c'est donc sous l'étiquette libérale que siègent les amis de Mercier. Félix-Gabriel Marchand, un autre homme de vision, lui a succédé comme chef.

Le gendre de Mercier, Lomer Gouin, sera lui-même premier ministre du Québec de 1905 à 1920.

Rodolphe Lemieux fut l'un des rares fidèles de Mercier après sa perte du pouvoir. Il sera plus tard ministre fédéral dans le cabinet Laurier.

Depuis ces jours pénibles de l'automne 1891, une sorte de «souffrance purificatrice», comme l'écrira Robert Rumilly, a brusquement descendu Mercier du piédestal où il avait pris la dangereuse habitude de se complaire. Dans l'aveuglement suscité par sa gloire, il s'était convaincu de la pérennité de sa popularité. Il avait fait fi trop souvent de l'opinion de son entourage. Homme d'origine modeste, l'adulation dont il faisait l'objet avait considérablement obscurci son jugement. De là s'explique l'amertume que lui cause sa chute brutale; cette chute qui n'est pas que politique, comme le veulent ses ennemis, et qui vient toucher au plus profond de lui-même cet homme vaniteux.

Une fois obtenu son acquittement au procès de l'affaire J. A. Langlais, Mercier décide néanmoins d'entreprendre sa remontée dans la faveur populaire, non plus pour gouverner, mais pour défendre les principes qui lui sont chers. La tâche, il le sait fort bien, sera ardue, les soupçons et préjugés à son endroit demeurant tenaces. Pourtant, si certaines maladresses ont pu altérer l'admiration que lui vouent ses compatriotes, il n'en demeure pas moins que les souffrances des mois passés ont non seulement révélé chez Mercier son intégrité, mais aussi son exceptionnel courage. Peu à peu, l'opinion publique lui devient favorable. Mercier, dit-on un peu partout, a été injustement chassé du pouvoir. En le choisissant à nouveau comme député à l'élection de 1892, alors que toute la province le condamnait sans retenue, les gens de Bonaventure ont précédé dans leur sagesse le jugement de l'histoire.

Le retour

Chapitre 8

Le 3 février 1893, Honoré Mercier fait sa première apparition au Parlement de Québec depuis sa défaite. S'il est sympathique, l'accueil que lui réservent ses collègues libéraux est teinté d'un certain malaise. L'homme a changé. Ses cheveux ont grisonné, sa démarche est plus lente, sa vue affaiblie. Mercier ne l'ignore pas, ses ennemis veulent le faire expulser. Assis à son pupitre, il jette un regard circulaire sur cette Chambre qu'il a autrefois tellement dominée, et où il vécut de grands moments. Sans doute se rappelle-t-il son entrée en tant que chef d'un gouvernement national, six ans plus tôt. Que tout cela paraît loin! Réduite à une poignée d'hommes, la députation de son parti se compose de plusieurs visages inconnus. Félix-Gabriel Marchand en assume la direction. Homme habile et admirablement cultivé, il assumait la présidence de l'assemblée législative durant les années Mercier.

Le Parlement de Québec (Archives nationales du Canada)

En face de lui, Mercier observe ses ennemis, les artisans de sa débâcle, ceux qui, aujourd'hui encore, ne demandent pas mieux que d'abattre pour de bon ce «héros du peuple» galvaudé par sa propre suffisance. Le sentiment qu'éprouvent certains conservateurs à l'endroit de Mercier s'apparente à de la haine pure. On lui reproche ses succès passés, bien sûr, mais aussi d'avoir su mériter l'adulation de son peuple avec une telle acuité. Louis-Olivier Taillon, l'homme à la longue barbe, a remplacé Charles de Boucherville comme premier ministre, en 1892. Il n'aime pas Mercier, sans le détester. C'est le même Taillon qui dirigeait le gouvernement conservateur, en 1887, lorsque Mercier l'a renversé en Chambre. Près du premier ministre se trouve Thomas-Chase Casgrain, le persécuteur de Mercier, qui s'est maintenant juré de débarrasser la province de l'ancien chef nationaliste. S'il y a un homme que Mercier doit craindre, c'est bien lui.

Louis-Olivier Taillon (Archives nationales du Canada)

En cette journée qui marque son retour au Parlement, tous les yeux, il n'y a pas à en douter, sont tournés vers Mercier. On s'attend à une déclaration quelconque. Il ne pourra pas se taire bien longtemps, suppose-t-on, ce n'est pas dans sa nature. Mais le député de Bonaventure se tient coi. Réapprivoiser ce lieu lui suffit pour aujourd'hui. Ses adversaires, il s'en doute bien, n'attendent qu'un mot de sa part pour le rabrouer. Sa présence parmi eux leur est déjà suffisamment insupportable et leur rappelle d'ailleurs trop bien que Mercier constitue encore une menace. On le sait abattu, mais jusqu'à quel point? Il n'a plus aucun pouvoir, ne jouit pas de sa popularité d'antan, mais ne subsiste-t-il pas chez cet homme extraordinaire quelque faculté qui lui permettrait de retrouver ce qui faisait autrefois sa force et sa grandeur? Il demeure une énigme. Seule son incroyable force de caractère lui permet en ce jour de février de se présenter devant eux, dans ce lieu de confrontation et d'hostilité. Oui, cet homme déchu est à redouter. Son retour le prouve.

Mercier attend plusieurs jours avant de prendre la parole. Puis, le 15 février, survient le moment tant attendu. Il se lève lentement et fait une brève intervention au sujet des asiles d'aliénés. Le ton est délibérément neutre. De l'autre côté de la Chambre, on se surprend de cette prudence. Quand donc se feront entendre les premiers appels à la justice et à la mobilisation de ce peuple qui, de plus en plus, voit en Mercier une espèce de martyr sur lequel on s'acharne cruellement? S'il choisit raisonnablement de laisser Marchand assumer sa tâche de chef de l'opposition, Mercier n'en est pas moins l'objet de dures attaques. On remet en question le bien-fondé de la politique qu'il a préconisée de 1887 à 1891. N'a-t-il pas endetté la province, même s'il en a accru le développement de façon considérable?

Habilement, il laisse de jeunes députés défendre son administration, mais sa réaction est tout autre lorsque son intégrité est mise en cause. En témoigne une scène survenue peu avant la fin des travaux. Se vantant à tous de son intention d'emprisonner Mercier, le procureur général, Thomas-Chase Casgrain, accuse maintenant l'ancien premier ministre d'avoir versé à son compte personnel 30 000 $ destinés aux employés et aux fournitures du chemin de fer de la baie des Chaleurs. Mercier l'admet mais ajoute également que tous les paiements ont été effectués. Il serait d'ailleurs facile de le prouver, le gouvernement ayant en mains tous les documents pertinents.

Du côté conservateur, on se sent peu empressé à satisfaire Mercier sur ce point, mais cette vérité demeure indéniable. L'épisode des 30 000 $ reflète tout au plus chez Mercier un incroyable manque de jugement, d'ailleurs typique de son attitude au temps du pouvoir. Lorsque Casgrain l'accuse d'être un voleur, Mercier réplique en le traitant de menteur. «Ces paroles ne sont pas parlementaires», répond Casgrain. «Elles sont vraies et cela me suffit», rétorque Mercier. La Chambre est ajournée le 27 février.

Thomas-Chase Casgrain fut sans doute l'ennemi le plus acharné d'Honoré Mercier.

Le 4 avril, Mercier prononce au parc Sohmer, à Montréal, une conférence demeurée célèbre. Un triomphe. Le tribun se sent «regaillardi» par ces applaudissements qui jettent un baume temporaire sur ses blessures des derniers temps. L'homme que l'on ovationne ainsi a mûri. Accablé d'épreuves, il a défendu son honneur avec courage, la seule chose qui lui reste. En ces minutes précieuses, il se sent prêt à repartir à la conquête de la province et à répandre cette ferveur nationaliste qu'il personnifie mieux que quiconque. On parle même de la formation d'un nouveau parti, mais Mercier, il le sait bien, n'a plus les moyens de ses ambitions. Il y a pourtant longtemps qu'il ne s'est senti aussi bien. Sa pensée est claire, sa voix forte, comme aux beaux jours. Le pacte confédéral a été injuste à l'égard de son peuple, répète-t-il encore. Mais il ne suffit pas de parler du passé. Seul l'avenir du Canada, le thème de sa conférence, le préoccupe:

> *Debout comme un homme libre sur la terre d'Amérique, je défends la cause sacrée de mes compatriotes, quelles que soient leur race ou leur croyance religieuse, et je demande pour tous l'émancipation coloniale et la liberté... Vous n'êtes qu'une colonie ignorée du monde entier; je vous offre de devenir un grand peuple, reconnu et respecté parmi les nations libres. Hommes, femmes et enfants, à vous de choisir: vous pouvez rester esclaves dans l'état de colonie, ou devenir indépendants et libres, au milieu des autres peuples qui vous convient au banquet des nations.*[15]

Mieux que quiconque, il entrevoit le destin de son peuple. La constitution actuelle, dit-il, pourrait obliger les Canadiens français à prendre part aux guerres de l'Empire. C'est là une vision prophétique de crises qui secoueront la province de Québec durant la première moitié du siècle suivant.

À l'été, il entreprend une tournée en Nouvelle-Angleterre et visite des communautés peuplées de Canadiens français, ceux-là même qui ont fui la misère qui sévissait au nord. Mercier leur rappelle que c'est en secouant le «joug britannique» que les États-Unis sont devenus une nation libre et prospère.

---

[15] Robert Rumilly. *Honoré Mercier et son temps*, tome 2, p. 360

Une œuvre du sculpteur français Paul Chevré, le monument Mercier fut inauguré sur la colline parlementaire le 25 juin 1912.

Il parle de l'indépendance du Canada sans préciser vers quoi elle devrait conduire. En fait, le nationalisme de Mercier revêt un visage ambigu. Ce qui importe pour lui, c'est de libérer son peuple du cadre constitutionnel existant. Différentes options en découleraient: annexion aux États-Unis ou indépendance de la province de Québec. Mercier se limite à parler de l'indépendance canadienne, tout en maintenant sa pensée dans un système fédéral, mais qu'il veut plus équitable que celui de 1867.

Aujourd'hui encore, le nationalisme d'Honoré Mercier retient l'attention des historiens. L'un de ceux-là, Réal Bélanger, affirme:

> *Quand Mercier traite d'autonomie pour le Québec, il ne parle pas de séparation. À l'image des penseurs nationalistes de son époque, Tardivel excepté, Mercier croit au Canada, à la structure fédérale. Selon lui, c'est au sein de la Confédération que doit s'exprimer la nation canadienne-française, mais une Confédération qui respectera l'autonomie du Québec. Cette réalité est incontestable.*[16]

[16] Gilles Gougeon. *Histoire du nationalisme québécois*, p. 67

Chapitre 9 «Ce cadavre, le voici!»

Depuis trois jours, Noël est passé et la proximité du nouvel an anime chez tous les Canadiens français le goût des festivités. On fête fort au pays de Québec. Dans chaque demeure, on célèbre, à grand renfort de traditions, une joie de vivre si typique de ce peuple. S'il est un temps de l'année où l'amertume, les rancunes et les divisions tendent à s'effacer, c'est celui-ci.

Le portrait qu'offre l'assemblée législative, en cette soirée du 28 décembre 1893, contraste pourtant avec l'humeur de la population. Absorbés par leurs travaux, les députés n'ont pas pu s'adonner à leur trêve hivernale. La fatigue, l'exaspération et l'agressivité sont de mise. Facilement, le débat dérape et fait place aux invectives personnelles. Quelle belle cible Mercier représente-t-il dans ce contexte!

Il est tard. Mercier est souffrant. Que ne donnerait-il pas pour être ailleurs qu'ici! Sa vue ne cesse de diminuer. De son siège, il a du mal à reconnaître ceux qui occupent les banquettes ministérielles. Il sait que le premier ministre Taillon se trouve en face de lui. Le visage sévère de Thomas-Chase Casgrain ne lui est pas non plus étranger. Casgrain, qui s'en prend toujours à lui avec une sinistre délectation! Depuis des heures, on discute la même question. On se répète, on se confronte, on s'insulte. Affaissé à son pupitre, Mercier sursaute. Son nom vient d'être prononcé. Sans qu'il ait pris part aux échanges, Taillon le met en cause, lui reprochant cette fois-ci sa politique d'octrois de colonisation.

Mercier sent monter en lui l'indignation. Cette attaque n'est sans doute pas plus vicieuse que d'autres, Taillon n'étant pas Casgrain, mais elle constitue le point critique d'une longue accumulation d'humiliations et d'injustices que Mercier ne peut plus supporter. Sans attendre que Taillon termine, il se lève péniblement et, les yeux mi-clos, se fraye avec difficulté un chemin parmi les pupitres. Il s'approche tout près de ses ennemis pour les regarder un à un. Dans la surprise, Taillon s'est tu. Le président de l'Assemblée n'ose intervenir. Un silence grave pèse sur la Chambre. La voix tremblante, aux prises avec une émotion intense, Mercier se livre à une improvisation qui se prolongera pendant deux heures. Il évoque les événements des dernières années, ses espoirs pour son peuple, ses efforts pour en assurer la prospérité. Puis, dans un tableau sublime, il parle de sa souffrance:

> *Parce que je me suis soumis à tout avec philosophie, pensez-vous que je n'ai pas souffert? J'en appelle à tout homme juste pour déclarer si je n'ai pas été victime d'une odieuse persécution. Mais, mon honneur a été sauvé; mes pairs, mes juges m'ont acquitté; on n'a jamais pu prouver que j'avais touché un sou des deniers publics! Aussi le peuple m'a porté en triomphe lorsque je suis sorti du prétoire, il m'a fait des ovations. Où étiez-vous alors mes persécuteurs? Cachés au fond de vos demeures dans la crainte et l'humiliation! Vous m'avez ruiné, vous avez voulu me déshonorer, et vous voulez maintenant piétiner mon cadavre: eh bien! ce cadavre, le voici! Regardez-le ce cadavre! Regardez-le en face, car il se dresse devant vous pour vous dire: Vous m'avez enlevé tout ce que je possédais au monde, jusqu'à ma bibliothèque, mes chers livres que j'avais amassés depuis trente-cinq ans, tout a été vendu, sauf mon honneur. Et mon honneur, sachez-le bien, je le défendrai comme un lion, seul contre tous, fussiez-vous dix, fussiez-vous mille!*[17]

Quand ce fut fini, Taillon s'approcha et tendit une main que Mercier serra.

---

[17] Charles Langelier. *Souvenirs politiques 1890 à 1896*, p. 221

Chapitre 10 Mort d'un patriote

En 1894, la santé de Mercier se détériore rapidement. Au début de l'automne, on le confine à sa chambre. Les visites sont défendues. Lieutenant-gouverneur depuis deux ans, Chapleau demande quand même à rencontrer son vieil adversaire. Celui-ci accepte. Mercier et Chapleau ne se sont jamais détestés. Une admiration tacite les a toujours rapprochés. Si l'ardeur de leurs luttes a pu provoquer chez l'un et l'autre des écarts verbaux, ils ne s'en tiennent pas rigueur.

Honoré Mercier fils connaîtra lui aussi une fructueuse carrière politique. Il sera notamment ministre dans les cabinets Gouin et Taschereau.

Au long du trajet qui le conduit chez Mercier, Chapleau se remémore un passé riche en souvenirs: leurs premières confrontations; son offre de former un gouvernement de coalition avec Mercier, à l'époque où lui, Chapleau, était premier ministre; son départ pour Ottawa, au moment où Mercier occupait une place grandissante au sein de l'opposition, à Québec; la fameuse assemblée de Saint-Laurent, en 1883, pendant laquelle les deux orateurs s'invectivaient à satiété; enfin, l'affaire Riel, Chapleau refusant la proposition dramatique de Mercier: prendre la tête d'un vaste mouvement de protestation et d'unité nationale.

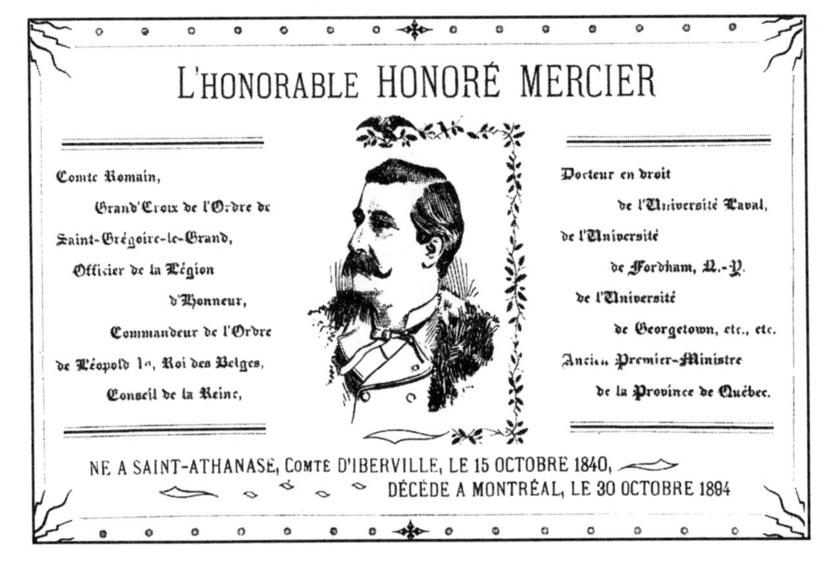

L'HONORABLE HONORÉ MERCIER

Comte Romain,
Grand'Croix de l'Ordre de
Saint-Grégoire-le-Grand,
Officier de la Légion
d'Honneur,
Commandeur de l'Ordre
de Léopold 1er, Roi des Belges,
Conseil de la Reine,

Docteur en droit
de l'Université Laval,
de l'Université
de Fordham, N.-Y.
de l'Université
de Georgetown, etc., etc.
Ancien Premier-Ministre
de la Province de Québec.

NE A SAINT-ATHANASE, COMTÉ D'IBERVILLE, LE 15 OCTOBRE 1840,
DÉCÉDÉ A MONTRÉAL, LE 30 OCTOBRE 1894

Carte mortuaire (Archives nationales du Canada)

La vue d'un Mercier amaigri, aux joues creuses et au teint livide, est un choc pour Chapleau. On discute en amis, Chapleau souhaitant à Mercier de recouvrer la santé. Au bout d'un moment, le lieutenant-gouverneur se lève pour le laisser se reposer, mais le malade le retient par le bras: «Parlons de nos luttes d'autrefois.» Ce qu'ils font une vingtaine de minutes. Soudain, Chapleau s'approche et lui dit, au bord des larmes:

> *Nous nous sommes portés mutuellement de rudes coups. Nous avons été injustes l'un pour l'autre. Mais le plus injuste n'a pas été toi. Mercier, j'ai voulu te demander pardon.*[18]

À travers ses sanglots, ce dernier le lui accorde.

---

[18] Robert Rumilly. *Honoré Mercier et son temps,* tome 2, p. 396

C'est dans ce mausolée du cimetière Côte-des-Neiges, à Montréal, que repose Honoré Mercier. Été comme hiver, des fleurs en ornent souvent la façade.

Comme rongée par le remords, la province qui, hier, voyait en lui un voleur semble maintenant presque unanime à louer Mercier. Plusieurs personnalités se succèdent à son chevet. Taillon est de ce groupe. Le pape lui envoie sa bénédiction, ce qui touche beaucoup le moribond. Lorsque Laurier se rend le visiter, Mercier ne reconnaît déjà plus personne. Peu avant, il avait dit:

> *Je pars trop tôt ou trop tard. Trop tôt parce que je n'ai pas eu le temps d'exécuter tous les projets que j'avais formés pour la province. Trop tard parce que si j'étais parti il y a trois ans, je n'aurais pas connu les tortures morales et physiques que j'ai endurées depuis 1891.*[19]

Le 30 octobre 1894 s'éteint Honoré Mercier, neuvième premier ministre de la province de Québec. Des funérailles nationales sont célébrées à Montréal. Lui qui avait tant lutté pour l'unité des siens rassemblait, pour une dernière fois, l'espace d'un instant, la classe politique québécoise, venue témoigner son respect. À 54 ans, meurtri par la vie, mais toujours indompté dans sa résolution à livrer bataille, il trouvait dans la mort le repos des choses humaines, heureux de la place généreuse que l'histoire réservait déjà à son œuvre.

---

[19] P. A. Choquette. *Un demi-siècle de vie politique*, p. 88

Épilogue

Un siècle après son décès, l'œuvre d'Honoré Mercier fait toujours partie du paysage politique québécois. Père de l'idée autonomiste, il a laissé un héritage dont s'est inspirée la grande majorité des premiers ministres qui se sont succédés dans l'histoire du Québec. Défendre les intérêts des Québécois dans le respect de la juridiction provinciale; chercher à modifier le cadre constitutionnel canadien pour faire à son peuple une place qui répond davantage à ses besoins et aspirations, telle fut l'essence de la pensée de Mercier. Homme ambitieux, il entretenait de grands espoirs pour ses compatriotes et se voyait investi d'une mission sacrée entre toutes: assurer le rayonnement de la langue française et de la religion catholique en terre d'Amérique.

Un effort de développement sans précédent fut tenté sous Mercier. L'hostilité du gouvernement Macdonald à son égard, tout comme les contraintes inhérentes au système fédéral lui-même, en empêchaient à ses yeux la pleine réalisation. Comme l'écrit Pierre Charbonneau dans son excellent ouvrage intitulé *Le projet québécois d'Honoré Mercier:*

> *Son optimisme et l'envergure de ses projets le distinguent autant de ses prédécesseurs que de ses prochains successeurs. Ses ambitions étaient trop grandes pour un peuple à qui on a fait accroire qu'il est né pour un petit pain...* [20]

Robert Rumilly a sans doute raison de voir en Mercier le premier chef de gouvernement véritablement doté d'une stature de chef d'État. Si elle fut peut-être trop avant-gardiste pour son temps, sa vision n'en constituait pas moins un tout cohérent. Mercier fut indéniablement le premier à percevoir les limites imposées à son peuple, d'où sa capacité exceptionnelle à entrevoir des problèmes qui demeurent aujourd'hui encore le lot quotidien de l'activité politique contemporaine. Fédéraliste, il n'hésita pourtant pas à mettre en cause les carences de la constitution canadienne, une question qui divise encore le pays de nos jours.

---

[20] Pierre Charbonneau. *Le projet québécois d'Honoré Mercier*, p. 231

Quoi qu'il en soit, en voulant en quelque sorte, de façon plus ou moins consciente, «récupérer» la pensée de Mercier, les politiciens de tous les partis rendent aujourd'hui à cette grande figure de l'histoire québécoise et canadienne, un ultime hommage de respect. En ce sens, la voix de ce patriote ne s'est pas définitivement tue et continue d'influer sur le devenir de notre collectivité.

Remerciements

L'auteur tient à exprimer ses remerciements à son père, Réal Bertrand, qui lui a accordé sa collaboration habituelle dans le cadre de l'élaboration de cet ouvrage.

Bibliographie

CHARBONNEAU, Pierre. *Le projet québécois d'Honoré Mercier*, Éditions Mille Roches, 1980.

CHOQUETTE, L'honorable Philippe-Auguste. *Un demi-siècle de vie politique*, Éditions Beauchemin, 1936.

GOUGEON, Gilles. *Histoire du nationalisme québécois*, VLB éditeur – SRC, 1993.

LANGELIER, Charles. *Souvenirs politiques 1890 à 1896*, Québec, 1912, tome 2.

«La chute de l'idole», *Nos racines* (L'histoire vivante des Québécois), n° 108, les Éditions T.L.M. inc., 1981.

PELLAND, J. O. *Biographie, discours, conférences, etc. de l'hon. Honoré Mercier*, Montréal, 1890.

RUMILLY, Robert. *Honoré Mercier et son temps*, Fides, 1975, tomes 1 et 2.

RUMILLY, Robert. *Histoire de la province de Québec*, Éditions Bernard Valiquette, tomes 2 à 7.